Des Epimenides Erwachen.

Ein Festspiel.

Die Muſik zu dieſem Feſtſpiel iſt vom Herrn Kapellmeiſter Bernhard Anſelm Weber, welcher dieſelbe beſonders herausgeben wird.

Des Epimenides Erwachen.

Ein Festspiel

von

Göthe.

Berlin,
bei Duncker und Humblot.
MDCCCXV.

Vorwort

an die Zuschauer des Festspiels:

Des Epimenides Erwachen *).

Epimenides, ein uralter Weiser in Kreta, — so erzählt die sinnvolle Mythe der Griechen, — hütete, wie es in früherer Vorwelt die Söhne der Könige und Fürsten zu thun pflegten, in seiner Jugend die Schaafe des Vaters. Als ihm eines Tages ein Schaaf von der Heerde verloren gegangen und er, um es aufzusuchen, in eine Höle gekommen war, bemächtigte sich seiner ein tiefer Schlaf, in welchem er ohne Unterbrechung sieben und funfzig Jahre lag. Als er wieder erwachte, ahndete er nicht, wie lange er ge-

---

*) Bei Gelegenheit der ersten Darstellung auf der Bühne des Königl. Opernhauses in Berlin zur Feier des 30. und 31. März.

schlafen. Aber wie groß war sein Erstaunen, als er die Veränderung sah, welche sich seit der Zeit um ihn her zugetragen hatte. Bei seiner Rückkehr ins väterliche Haus war er selbst seinem Bruder so unkenntlich geworden, daß dieser befremdet ihn fragte: Wer bist du? Endlich erkannten sich beide, und der lange, wundervolle Schlaf machte den Epimenides durch ganz Griechenland berühmt. Man fing an, ihn für einen Liebling und Vertrauten der Götter zu halten; man fragte ihn um Rath, und seine Aussprüche galten für Aussprüche der Götter. Auch die Athener bedienten sich einst seiner Weisheit, um ihre Stadt von der Befleckung einer wüthenden Pest zu entsündigen. Nach einem langen, mehr als hundertjährigen Leben ward Epimenides auf Kreta als Gott verehrt. Einige rechnen ihn, statt des Periander, zu den sieben Weisen der Griechen.

Was auch immer im höheren Alterthum der Griechen der Ursprung, oder die besondere Absicht und der bedeutungsvolle Sinn dieser Mythe gewesen seyn mag, der uns verbliebene Grundzug derselben, das Erwachen nach so langer an Wechsel und Veränderung der Dinge reichen Zeit und die dadurch gewonnene Erhöhung der geistigen Seherkraft, — konnte nicht anders, als höchst willkommen und glücklich sich darbieten dem großen Dichter unserer Zeit, um daraus ein Werk seines schaffenden Genius zu entwickeln, bestimmt, damit auf der Bühne der Kunst würdig die Feier einer der größten Begebenheiten der neuesten Welt zu verknüpfen.

Seit den glücklichen Zeiten der europäischen Welt, seit jenen Zeiten der Herrschaft des Rechts, der Liebe, des Glaubens, des Friedens unter den Völkern, umgestürzt durch die Ausgeburten der Hölle — des Krieges, der List, der Unterdrückung, die jene furchtbare Umwälzung der Dinge an der Seine hervorrief, nachdem seit Jahrhunderten schon, von dort aus vornehmlich, ein betrügliches System arglistiger Politik allmählig die verschlossenen Pforten der Unterwelt zu öffnen begonnen, seit dieser Zeit — welche Schlafsucht lähmte nicht allmählig die Völker, durch den Sirenengesang einer falschen Freiheit bezaubert! Welche List, welche Heuchelei bemächtigte sich nicht der Liebe, des Glaubens! Welche Gewalt fesselte nicht vollends die letzte noch rege Kraft! Aber welche Wuth stürzte dann nicht unaufhaltsam das Gebäude des Glücks und des Ruhmes der Völker! Welcher Wahnsinn verschloß die Meere und Länder! Welche Barbarei verwandelte die

Wohnsitze der Lust und Freude, der Weisheit und Künste, die goldenen Gefilde des vom Seegen gekrönten Fleißes in schweigende Oeden der freudenleeren Wüste, worin sich die menschenfeindliche Wuth des Zerstöhrers allein gefiel! In die Wirklichkeit des Menschenlebens war der furchtbar höhnende Dämon der Hölle getreten, und alle Stürme des Unglücks, des Elends, der Verwüstung brausten um ihn, unaufhaltsam vom Westen bis Osten, bis zum fernen Norden, über den Fluchbelasteten Welttheil.

Und welche Gestalt Europens zunächst bot sich dem vergleichenden Auge des Beobachters, gleichsam den erhöheten Blicken eines zweiten, nach langem Schlafe erwachten Epimenides dar! Kaum, daß sich der Zeitgenosse Friedrichs noch als demselben Jahrhundert entsprossen zu erkennen vermochte. Mit welcher Stimme der Wehmuth mußte er sich selber gestehen: „Ich bin's, und bin es auch nicht mehr!" — Mit welcher Stimme der Verzweifelung mußte er sich fragen: „Werd' ich je wieder werden, was ich war? Wo ist das Erbtheil meiner Väter, die Freiheit, das Recht, der Glaube, der Ruhm und der Name meines Volks?" —

Doch Hoffnung mit ihren Gewalten und Geistern war noch immer der Antheil der wenigen Edlen geblieben, die, im Vertrauen auf göttliche Macht, sich gegen den Todesschlaf der Sorglosen und Feigen und Verzweiflenden gestählt, und wachsam, doch schweigend, die eherne Rüstung des Muths und der Mannheit für die Gelegenheit anderer Zeiten geborgen hatten. Und siehe! sie kam, wie angedeutet selbst durch Zeichen, hellstrahlende an der Feste des ewigen Himmels durch die Nacht des Jammers und der Verwüstung; sie kam mit dem unausbleiblichen Wechsel des Glücks, der Zeiten und Dinge. Und siehe! die Hoffnung trat unüberwunden, kühn, mit den heiligen Waffen gerüstet, dem Verderber der Welt entgegen, als er, gebeugt von der Uebermacht der Natur, doch mit immer größerer Wuth, von neuem den gräßlichen Kampf der Zerstöhrung und Unterjochung begann. — Freiheit, Freiheit, rief die Stimme der Hoffnung, ein Engel des Weltgerichts, durch Europa, und die Schläfer erwachten, und Befreiung und Freiheit ward das Loosungswort vom Aufgang zum Niedergang, und die gelähmte Kraft der Unterdrückten erstarkte durch die Allmacht des Götterworts. Da trat die Einheit des Willens in die Reihen der Völker und Herrscher, und umwand mit des Vertrauens und der Liebe Banden die brüderlichen Herzen und Hände. Da krönte die Beharrlichkeit der Eintracht himmlisches Werk. Es erscholl der Triumphgesang des Sieges zwischen den schon wild bewachsenen Trümmern der Reiche und Staaten, und mit gemeinsamer Kraft richteten die Vereinten wiederum auf die gestürzten Säulen und Trümmer des alten Baues der Herrlichkeit und Macht. So wird erfreulich Göttern und Menschen wiederum dastehn das hehre Gebäude der Freiheit, des Rechts, des Ruhms und der Wohlfahrt der Völker!

„Und Fürst und Volk und Volk und Fürst
Sind alle frisch und neu! —"

Und Epimenides, der erwachte Weltzeuge des glückseligen Wechsels der Dinge und ihrer großen Wiedergeburt, kann, mit der Entzückung des Weisen, den feiernden Zeitgenossen aller Zungen, aller Geschlechter und Stände zurufen:

„Und wir sind Alle neu geboren;
Das große Sehnen ist gestillt;
Bei Friedrich's Asche war's geschworen
Und ist auf ewig nun erfüllt!"

Wir haben versucht, in diesem Umrisse das große, sinnvolle und gestaltenreiche Gemälde zusammen zu drängen, welches der Dichter unseres deutschen Vaterlandes in seiner eignen Dichtung von einem zweiten Erwachen des Epimenides — den er, kraft des ihm zustehenden Dichterrechts, erhoben hat auf die höhere Stufe des unparteiischen Weltzeugen und Gotterleuchteten Auslegers ihrer Geschicke, — vor unseren Blicken aufrollen will. Wir haben dabei keine andere Absicht gehegt, als denen, welche Zuschauer dieses erhabenen Weltschauspiels vor dem engeren Raume der Kunstbühne seyn werden, während des schnelleren Wechsels und Ganges der Dinge auf derselben, in Etwas das Auffassen der großen Bilder- und Gedanken-Reihe zu erleichtern, deren Enden in den Ausgang und Anfang zweier Jahrhunderte reichen.

Aber nur durch die ideale Form einer lebendigen, in großen Massen fortschreitenden Allegorie gebildet und gehalten, war es möglich, sie für Auge und Ohr zu verkörpern. Der Charakter der alles Maaß der Geschichte von Jahrhunderten her, weit übersteigenden Begebenheiten und einer Zeit,

„Wo selbst die Wirklichkeit zur Dichtung wird" —

konnte auch im Einzelnen nur allein durch die höhere Verknüpfung des Idealen mit einer fast zum Idealen in der Vorzeit und Gegenwart gewordenen Wirklichkeit ausgedrückt werden. Daher wird es den Zuschauer nicht befremden, den Gestalten der Ideenwelt ähnliche Gestalten verschwistert zu sehen, die ihre Entstehung dem Boden der Geschichte verdanken und sich in das historische Gewand eigenthümlich und bedeutsam einhüllen. Eine Weise, durch den Brauch großer Meister in allen Künsten seit lange geheiligt und durch Erfahrung vollkommen erprobt und gerechtfertigt. Darnach mögen dann z. B. die Erscheinung des **Kriegsdämons, der List und ihres Gefolges, des Dämons der Unterjochung** und die **Erscheinungen der siegenden Völker** von dem aufmerksamen Zuschauer gedeutet und gewürdigt werden. Es wird ihm nicht entgehn, daß der Kriegsdämon, der Hauptsache nach eingekleidet in das Rüstzeug eines alt-römischen Feldherrn, durch diese Gestalt, gerade das Eigenthümliche der Sache, die durch ihn zu bezeichnen war, vollkommen ausdrückt. Denn kein Volk der Welt hat das kriegerische Leben und die kriegerische Kunst in dem Grade der Ausdehnung und mit längerem und größerem Glücke getrieben, als das welteroberne und unterjochende der Römer. Deshalb gehören auch die Andeutungen der von ihm unterjochten und in ihrer Unterjochung zu seinen ferneren Eroberungen ihm behülflichen Völker, als: der Numidier, Mohren, Egypter, Kretenser, Griechen, Macedonier, Thrazier, Illyrier, Lusitanier, Spanier, Gallier, Germanen u. d. g., mit in den furchtbaren Zug seiner Begleiter. Könnte die Aehnlichkeit

der neusten Schicksale der Völker wohl sprechender bezeich⸗
net werden? — Gleichergestalt spricht sich die diplomati⸗
sche List mit ihrem Gefolge, in der Tracht, nach dem⸗
selben Grundsatze aus. Es ist im Ganzen die Tracht des
sechszehnten und siebenzehnten Jahrhunderts, in welchen
Zeiten durch Staats⸗ und Hofleute, Geistliche, Gelehrte
und Frauen, oft als Mitgehülfen, nicht selten als Haupt⸗
werkzeuge der Diplomaten, in den Weltbegebenheiten die
Listen und Ränke des Betruges, der Bestechung, Verrä⸗
therey, Täuschung, Bevortheilung und heimlichen Unter⸗
drückung zu dem Höllensystem an⸗ und ausgebildet wur⸗
den, welches in den letzten Tagen in seiner ganzen gräß⸗
lichen Wirksamkeit zum Umsturze Europas vornehmlich
beitrug. — Eben so erinnert die Gestalt des Dämons der
Unterjochung, durch seine orientalische Tracht, an den Ori⸗
ent, als an die Quelle aller Despotie und Unterdrückung:
einem Musterbilde dieser Art des alten italienischen
Theaters, dem Zauberer S i n a d a b Gözzi's, ähnlich.
Endlich bieten die am meisten malerischen Trachten der in
dem großen Kampfe begriffenen Völker, die Trachten so
vieler Völkerschaften des russischen Reichs, die mancherlei
Trachten der Völker des östreichischen Kaiserstaates, das
neuste Feldkleid der Reiterei in den Preußischen Heeren
u. s. w. ein sprechendes Bild von den wunderbar mannig⸗

faltigen und bunten Massen der Ueberwinder des unterdrückenden Weltfeindes dar. —

So viel nur für den denkenden Zuschauer zum Fingerzeig auf den Standpunkt hin, aus welchem das große, tiefen Sinnes volle Gemälde der neusten Zeit, vor der Bühne richtig angeschaut zu werden, nach seinem ihm gebührenden Rechte, wohl fordern darf.

K. L.

Personen.

Prolog.
Die Muse.
Wortführer.
Epimenides.
Dämonen.
Des Krieges.
Der List.
Der Unterdrückung.
Chorführer.
Der Jugendfürst.
Chor der Tugenden.
Glaube.
Liebe.
Hoffnung.
Beharrlichkeit.
Einigkeit.

Begleitende.

Priester.

Priester.

Genius.

Genius.

Schweigende.

Zwei kleine Genien.

Acht kleine Dämonen.

Chöre.

Der Krieger.

Der Hofleute.

Echo der Freigesinnten.

Sieger.

Frauen.

Landleute.

Ein prächtiger Säulenhof; im Grunde ein tempelähnliches Wohngebäude; Hallen an der Seite. Die Mittelthüre des Gebäudes ist durch einen Vorhang geschlossen.

Erster Auftritt.

Die Muse.

(Zwei Genien, der Eine an einem Thyrsus Leyer, Masken, geschriebene Rolle trophäenartig tragend; der andere in einem Sternenkreise.)

In tiefe Sclaverei lag ich gebunden
Und mir gefiel der Starrheit Eigensinn;
Ein jedes Licht der Freiheit war verschwunden,
Die Fesseln selbst, sie schienen mir Gewinn;
Da nahte sich in holden Frühlingsstunden,
Ein Glanzbild; — Gleich entzückt — so wie ich bin —
Seh' ich es weit und breiter sich entfalten,
Und rings umher ist keine Spur des Alten.

Die Fesseln fallen ab von Händ' und Füßen,
Wie Schuppen fällt's herab vom starren Blick,
Und eine Thräne, von den liebesüßen,
Zum ersten Mal sie kehrt ins Aug zurück;
Sie fließt — ihr nach die Götterschwestern fließen,
Das Herz empfindet längst entwohntes Glück,
Und mir erscheint, was mich bisher gemieden,
Ganz ohne Kampf, der reine Seelenfrieden.

Und mir entgegnet, was mich sonst entzückte:
Der Leyer Klang, der Töne süßes Licht,
Und, was mich schnell der Wirklichkeit entrückte,
Bald ernst, bald frohgemuth, ein Kunstgesicht;
Und das den Pergamenten Aufgedrückte,
Ein unergründlich schweres Leichtgewicht;
Der Sterne Kreis erhebt den Blick nach oben
Und alle wollen nur das Eine loben.

Und Glück und Unglück tragen so sich besser,
Die eine Schale sinkt, die andre steigt,
Das Unglück mindert sich, das Glück wird größer,
So auf den Schultern trägt man beide leicht!

Da leere das Geschick die beiden Fässer,
Der Segen trifft, wenn Fluch uns nie erreicht,
Wir sind für stets dem guten Geist zu theile,
Der Böse selbst, er wirkt zu unserm Heile.

So ging es mir! mög' es Euch so ergehen,
Daß aller Haß sich Augenblicks entfernte,
Und wo wir noch ein dunkles Wölkchen sehen,
Sich alsobald der Himmel übersternte,
Es tausendfach erglänzte von den Höhen
Und alle Welt von uns die Eintracht lernte;
Und so genießt das höchste Glück hienieden,
Nach hartem äußerm Kampf, den innern Frieden.

(Die Muse bewegt sich als wenn sie abgehen wollte; die Kinder ziehen voran, und sind schon in der Coulisse, sie aber ist noch auf dem Theater, wenn Epimenides erscheint; dann spricht sie folgende Stanze, geht ab, und jener kommt die Stufen herunter.)

Muse.

Und diesen laß' ich Euch an meiner Stelle,
Der früher schon, geheimnißvoll belehrt,
Als Mann, der Weisheit unversiegter Quelle
Und ihrem Schau'n sich treulich zugekehrt,

Nun freigesinnt, beinah zur Götterhelle,
Die wunderbarsten Bilder euch erklärt,
Doch laßt vorher die wildesten Gestalten
In eigensinniger Kraft zerstörend walten.

(ab.)

Zweiter Auftritt.

Epimenides.

Uralten Waldes majestätische Kronen,
Schroffglatter Felsenwände Spiegelflächen
Im Schein der Abendsonne zu betrachten —
Erregt Geist und Herz zu der Natur
Erhabnen Gipfeln, ja zu Gott hinan.
Auch schau ich gern der Menschenhände Werk,
Woher des Meisters Hochgedanke strahlt;
Und dieser Pfeiler, dieser Säulen Pracht
Umwandl' ich sinnend, wo sich alles fügte,
Wo alles trägt, und alles wird getragen!
So freut mich auch zu sehn ein edles Volk
Mit seinem Herrscher, die im Einklang sich

Zusammenwirkend fügen, für den Tag
Ja für Jahrhunderte, wenn es gelingt.
Und so begrüß' ich froh die Morgensonne,
Begrüße gleicherweis die Scheidende;
Dann wend' ich meinen Blick den Sternen zu,
Und dort wie hier ist Einklang der Bewegung.
Der Jugend Nachtgefährt' ist Leidenschaft,
Ein wildes Feuer leuchtet ihrem Pfad;
Der Greis hingegen wacht mit hellem Sinn
Und sein Gemüth umschließt das Ewige.

Dritter Auftritt.

Genien.

(Treten rasch auf, und stellen sich ihm zu beiden Seiten.)

Wandelt der Mond, und bewegt sich der Stern,
Junge wie Alte sie schlafen so gern;
Leuchtet die Sonne nach löblichem Brauch,
Junge wie Alte sie schlafen wohl auch.

Epimenides.

Ein heitres Lied, ihr Kinder, doch voll Sinn.
Ich kenn' euch wohl! Sobald ihr scherzend kommt,
Dann ist es Ernst, und wann ihr ernstlich sprecht,
Vermuth' ich Schalkheit. Schlafen meint ihr, schlafen?
An meine Jugend wollt ihr mich erinnern.
Auf Creta's Höhn, des Vaters Heerde weidend,
Die Insel unter mir, ringsum das Meer,
Den Tages-Himmel von der einzigen Sonne,
Von tausenden den nächtigen erleuchtet;
Da strebte meine Seele, dieses All,
Das herrliche, zu kennen; doch umsonst,
Der Kindheit Bande fesselten mein Haupt.
Da nahmen sich die Götter meiner an,
Zur Höhle führten sie den Sinnenden,
Versenkten mich in tiefen langen Schlaf;
Als ich erwachte, hört' ich einen Gott;
„Bist vorbereitet, sprach er, wähle nun!
Willst du die Gegenwart, und das was ist,
Willst du die Zukunft sehn, was seyn wird?" — Gleich
Mit heitrem Sinn verlangt' ich zu verstehen,
Was mir das Auge, was das Ohr mir beut.
Und gleich erschien durchsichtig diese Welt.

Wie ein Cryſtallgefäß mit ſeinem Inhalt. —
Den ſchau ich nun viel Jahre ſchon,
Was aber künftig iſt, bleibt mir verborgen;
Soll ich vielleicht nun ſchlafen, ſagt mir an,
Daß ich zugleich auch künftiges gewahre?

Genien.

Wäreſt du fieberhaft, wäreſt du krank,
Wüßteſt dem Schlafe du herzlichen Dank:
Zeiten ſie werden ſo fieberhaft ſeyn,
Laden die Götter zum Schlafen dich ein.

Epimenides.

Zum Schlafen? — jetzt? — Ein ſehr bedeutend Wort.
Zwei eures gleichen ſind's, wo nicht ihr ſelbſt,
Sind Zwillingsbrüder, Einer Schlaf genannt,
Den andern mag der Menſch nicht gerne nennen;
Doch reicht der Weiſe einem wie dem andern
Die Hand mit Willen — alſo, Kinder, hier!

(Er reicht ihnen die Hände, welche ſie anfaſſen.)

Hier habt ihr mich! Vollziehet den Befehl,
Ich lebte nur, mich ihm zu unterwerfen.

Genien.

Wie man es wendet, und wie man es nimmt,
Alles geſchieht, was die Götter beſtimmt!

Laß nur den Sonnen, den Monden den Lauf,
Kommen wir zeitig, und wecken dich auf.

(Epimenides steigt, begleitet von den Knaben die Stufen hinauf, und als die Vorhänge sich öffnen, sieht man ein prachtiges Lager, über demselben eine wohlleuchtende Lampe. Er besteigt es. Man sieht ihn sich niederlegen, und einschlafen. Sobald der Weise ruht, schließen die Knaben zwei eherne Pfortenflügel, auf welchen man den Schlaf und Tod, nach antiker Weise, abgebildet sieht. Fernes Donnern.)

Vierter Auftritt.

Heereszug.

(Im Costüm der sämmtlichen Völker, welche von den Römern zuerst bezwungen, und dann als Bundesgenossen gegen die übrige Welt gebraucht worden.)

Der Ruf des Herrn
Der Herrn ertönt;
Wir folgen gern
Wir sinds gewöhnt;
Geboren sind
Wir all zum Streit,
Wie Schall und Wind
Zum Weg bereit.

Wir ziehn, wir ziehn
Und sagen's nicht;
Wohin? wohin?
Wir fragen's nicht;
Und Schwert und Spieß
Wir tragen's fern,
Und jen's und dies
Wir wagen's gern.

Fünfter Auftritt.

Dämon des Krieges.

(Sehr schnell auftretend.)

Mit Staunen seh' ich euch, mit Freude,
Der ich euch schuf, bewundr' euch heute:
Ihr zieht mich an, ihr zieht mich fort,
Mich muß ich unter euch vergessen:
Mein einzig Streben sey immerfort,
An eurem Eifer mich zu messen.
Des Höchsten bin ich mir bewußt,
Dem Wunderbarsten widm' ich mich mit Lust:

Denn wer Gefahr und Tod nicht scheut,
Ist Herr der Erde, Herr der Geister;
Was auch sich gegensetzt und bräut,
Er bleibt zuletzt allein der Meister.
Kein Widerspruch! Kein Widerstreben!
Ich kenne keine Schwierigkeit,
Und wenn umher die Länder beben,
Dann erst ist meine Wonnezeit.
Ein Reich mag nach dem andern stürzen,
Ich steh' allein, und wirke frei;
Und will sich wo ein schneller Knoten schürzen,
Um desto schneller hau' ich ihn entzwei.
Kaum ist ein großes Werk gethan,
Ein neues war schon ausgedacht,
Und wär' ich ja aufs äußerste gebracht,
Da fängt erst meine Kühnheit an.
Ein Schauder überläuft die Erde,
Ich ruf' ihr zu ein neues Werde:

(Ein Brandschein verbreitet sich über das Theater.)

Es werde Finsterniß! — Ein brennend Meer
Soll allen Horizont umrauchen,
Und sich der Sterne zitternd Heer
Im Blute meiner Flammen tauchen.

Die höchste Stunde bricht herein,
Wir wollen ihre Gunst erfassen,
Gleich unter dieser Ahndung Schein
Entfaltet euch, gedrängte Massen,
Vom Berg ins Land, Fluß ab ins Meer
Verbreite dich, unüberwindlich Heer!
Und wenn der Erdkreis überzogen
Kaum noch den Athem heben mag,
Demüthig seine Herr'n bewirthet —
Am Ufer schließet mir des Zwanges ehrnen Bogen:
Denn wie euch sonst das Meer umgürtet,
Umgürtet ihr die kühnen Wogen:
So Nacht für Nacht, so Tag für Tag,
Nur keine Worte — Schlag auf Schlag!

Heereszug.

(Sich entfernend.)

So geht es kühn
Zur Welt hinein,
Was wir beziehn,
Wird unser seyn:

Will einer das,
Verwehren wir's;
Hat einer was,
Verzehren wir's.

Hat einer g'nug,
Und will noch mehr;
Der wilde Zug
Macht alles leer.
Da sackt man auf,
Und brennt das Haus,
Da packt man auf,
Und rennt heraus.

So zieht vom Ort
Mit festem Schritt
Der erste fort
Den zweiten mit.
Wenn Wahn und Bahn
Der beste brach,
Kommt an und an
Der letzte nach.

Sechster Auftritt.

Gefolge der List.

(Tritt auf, von derselben Seite, nach welcher das Kriegsheer abzieht. Es ist costumirt, wie die Hoff- und Staatsmänner des 16ten Jahrhunderts.)

Chor.

Wenn unser Sang
Gefällig lockt,
Der Sieges-Drang
Er schwankt und stockt;
Wenn unser Zug
Sich krümmt und schlingt,
Der Waffen Flug
Wird selbst bedingt.

Nur alle mit,
Dahin! dahin!
Nur Schritt vor Schritt,
Gelassen kühn.

Wie's steht und fällt,
Ihr tretet ein,
Geschwind die Welt
Wird euer seyn!

(Wenn der Kriegszug das Theater verlassen hat, haben die Neuangekommenen dasselbe schon völlig eingenommen, und indem der Dämon des Krieges den Seinigen folgen will, tritt ihm der Dämon der List in den Weg.)

Siebenter Auftritt.

Dämon der List.

Halt ein! du rennst in dein Verderben.

Dämon des Krieges.

Wer also spricht, der müsse sterben!

Dämon der List.

Erkenn' ich doch, daß du unsterblich bist;
Doch auch unsterblich bleibt die List.

Dämon des Krieges.

So sprich!

Dämon der List.

Fürwahr dein ungezähmter Muth
Läßt sich zur Güte nicht erbitten!
Du wirst mit einem Meer voll Blut
Den ganzen Erdkreis überschütten;
Doch wandl' ich dir nicht still voran,
Und folg' ich nicht den raschen Pfaden,
So hast du wenig nur gethan,
Und wirst dir immer selber schaden.
Wer leise reizt, und leise quält,
Erreicht zuletzt des Herrschers hohes Ziel;
Und wie den Marmor selbst der Tropfen Folge höhlt,
So tödt' ich endlich das Gefühl.
Du eilst mir vor, ich folge still,
Und mußt mich doch am Ende schätzen:
Denn wer der List sich wohl noch fügen will,
Wird der Gewalt sich widersetzen!

Dämon des Kriegs.

Verweile du, ich eile fort!
Der Abschluß der ist meine Sache.
Du wirkest hier, du wirkest dort,
Und wenn ich nicht ein Ende mache,
So hat ein Jeder noch ein Wort.

Ich löse rasch mit Einem Male
Die größten Zweifel, angesichts:
So legte Brennus in die Schale
Das Schwert statt goldenen Gewichts.
Du magst nur dein Gewerbe treiben
In dem dich niemand übertrifft;
Ich kann nur mit dem Schwerte schreiben,
Mit blutigen Zügen, meine Schrift.

(Rasch ab.)

Achter Auftritt.

Dämon der List.

(Zu den Seinigen.)

Der Krieges=Gott, er wüthe jetzt,
Und ihr umgarnt ihn doch zuletzt.
Zertret' er goldner Saaten Halme
Mit flügelschnellem Siegeslauf;
Allein, wenn ich sie nicht zermalme,
Gleich richten sie sich wieder auf.

Die Geister macht er nie zu Sclaven;
Durch offne Rache, harte Strafen
Macht er sie nur der Freiheit reif.
Doch alles was wir je ersonnen,
Und alles was wir je begonnen,
Gelinge nur durch Unterschleif.
Den Völkern wollen wir versprechen,
Sie reizen zu der kühnsten That;
Wenn Worte fallen, Worte brechen,
Nennt man uns weise, klug im Rath;
Durch Zaudern wollen wir verwehren
Und alle werden uns vertraun:
Es sey ein ewiges Zerstören,
Es sey ein ewig Wiederbau'n!

Und hier beginnet gleich! — Das herrliche Gebäude,
Der Augen Lust, des Geistes Freude,
Im Wege steht es mir vor allen,
Durch eure Künste soll es fallen!

Leise müßt ihr das vollbringen,
Die gelinde Macht ist groß,
Wurzelfasern, wie sie dringen,
Sprengen wohl die Felsen los.

Chor.

Leise müßt ihr das vollbringen,
Die geheime Macht ist groß.

Dämon der List.

Und so löset still die Fugen
An dem herrlichen Pallast;
Und die Pfeiler, wie sie trugen,
Stürzen durch die eigne Last.
In das Feste sucht zu dringen,
Ungewaltsam, ohne Stoß.

Chor.

Leise müßt ihr das vollbringen,
Denn geheime Macht ist groß.

(Während dieses letzten Chors vertheilen sich die Listgefährten an alle Coulissen, so daß sie mit dem letzten Laute auf einmal alle verschwunden sind.)

Neunter Auftritt.

Dämon der List. (Allein.)

(Lauschend.)

Ich trete sacht, ich halte Puls und Oden,
Ich fühle sie wohl, doch hör' ich sie nicht;
Es zittert unter mir der Boden,
Ich fürchte selbst, er schwankt und bricht.
    (Er entfernt sich von der einen Seite.)
Die mächtig riesenhaften Quadern
Sie scheinen unter sich zu hadern.
    (Er entfernt sich von der andern Seite.)
Die schlanken Säulenschäfte zittern,
Die schönen Glieder, die in Liebesbanden
Einträchtig sich zusammenfanden,
Jahrhunderte als eins bestanden —
Erdbeben scheinen sie zu wittern.

Bei dringender Gefahr und Noth,
Die einem wie dem andern droht,
Sich gegenseitig zu erbittern.

(Er tritt in die Mitte argwöhnisch gegen beide Seiten.)

Ein Wink, ein Hauch den Bau zu Grunde stößt,
Wo sich von selbst das Feste lös't.

(In dem Augenblicke bricht alles zusammen. Er steht in schweigender, umsichtiger Betrachtung.)

Zehnter Auftritt.

Dämon der Unterdrückung. (Tritt auf.)

(Im Costüm eines orientalischen Despoten.)

Dämon der List.

(Ehrerbietig.)

Mein Fürst! mein Herrscher, so allein?

Dämon der Unterdrückung.

Da wo ich bin, da soll kein andrer seyn.

Dämon der List.

Auch die nicht, die dir angehören?

Dämon der Unterdrückung.

Ich werde niemals dir verwehren
Zu schaun mein fürstlich Angesicht;
Doch weiß ich wohl, du liebst mich nicht.
Dein Vielbemühn was hilft es dir?
Denn ewig dienstbar bist du mir.

Dämon der List.

Herr, du verkennest meinen Sinn!
Zu dienen dir ist mir Gewinn;
Und wo kann freieres Leben seyn,
Als dir zu dienen, dir allein!
Was Großes auch die Welt gesehn,
Für deinen Scepter ist's geschehn,
Was Himmel zeugte, Hölle fand,
Ergossen über Meer und Land,
Es kommt zuletzt in deine Hand.

Dämon der Unterdrückung.

Sehr wohl! Die Mühe mir verkürzen
Das ist dein edelster Beruf:
Denn was die Freiheit langsam schuf,
Es kann nicht schnell zusammenstürzen,
Nicht auf der Kriegsposaune Ruf;

Doch, haſt du klug den Boden untergraben,
So ſtürzt das alles Blitz vor Blitz;
Da kann ich meinen ſtummen Sitz
In ſeel'gen Wüſteneien haben.
Du haſt gethan wie ich gedacht,
Ich will nun ſehn, was du vollbracht.

(Verliert ſich unter die Ruinen.)

Eilfter Auftritt.

Dämon der Liſt.
(Zuverſichtlich.)

Ja gehe nur und ſieh dich um!
In meiner Schöpfung magſt du wohnen,
Du findeſt alles ſtill und ſtumm;
Doch ſelbſt die Wüſte will ich nicht verſchonen. —
Ihr brüſtet euch, ihr unteren Dämonen,
So mögt ihr wüthen, mögt auch ruh'n:
Ich deut' euch beides heimlich an;
Da mag denn jener immer thun,
Und dieſer glauben, es ſey gethan.

Ich aber wirke schleichend immer zu,
Um beide nächstens zu erschrecken:
Dich Kriegesgott bring' ich zur Ruh,
Dich Sclavenfürsten will ich wecken!

 Zu dringen und zu weichen,
 Das ist die größte Kunst,
 Und so zu überschleichen
 Das Glück und seine Gunst.
 Die Wege, die sie gehen,
 Sie sind nach meinem Sinn;
 Der Uebermuth soll gestehen
 Daß ich allmächtig bin.

(ab.)

Zwölfter Auftritt.

Dämon der Unterdrückung.

(Aus den Ruinen hervor tretend.)

Es ist noch allzufrisch, man könnt' es wieder bauen;
Die graue Zeit, wirkend ein neues Grauen,

Verwittrung, Staub und Regenschlick,
Mit Moos und Wildniß düstre sie die Räume.
Nun wachs't empor, ehrwürd'ge Bäume!
Und zeiget dem erstaunten Blick
Ein längst veraltetes verschwundenes Geschick,
Begraben auf ewig jedes Glück!

(Während der folgenden Worte begrünet sich die Ruine nach und nach.)

  Nicht zu zieren — zu verdecken,
  Nicht zu freuen, zu erschrecken,
  Wachse dieses Zauberthal!
  Und so schleichen und so wanken,
  Wie verderbliche Gedanken,
  Sich die Büsche, sich die Ranken
  Als Jahrhunderte zumal.

So sey die Welt denn einsam! aber mir,
Dem Herrscher, ziemt es nicht, daß er allein:
Mit Männern mag er nicht verkehren,
Eunuchen sollen Männern wehren,
Und halb umgeben wird er seyn;
Nun aber sollen schöne Frauen
Mit Taubenblick mir in die Augen schauen,
Mit Pfauenwedeln luftig wehn,
Gemeßnen Schrittes mich umgehn,

Mich liebenswürdig all' umsehen,
Und ganze Schaaren mir allein.
Das Paradies, es tritt herein! —
Er ruht in Ueberfluß gebettet,
Und jene, die sich glücklich wähnen,
Sie sind bewacht, sie sind gekettet.

Dreizehnter Auftritt.

Liebe.
(Ungesehn, aus der Ferne.)

Ja, ich schweife schon im Weiten
Dieser Wildniß leicht und froh:
Denn der Liebe sind die Zeiten
Alle gleich und immer so.
    Dämon der Unterdrückung.
Wie? was hör' ich da von weiten?
Ich noch eine Seele froh? —
Ich vernichte Zeit auf Zeiten
Und sie sind noch immer so! —

(Melodie jenes Gesangs, durch blasende Instrumente; der Dämon zeigt indessen Geberden der Ueberraschung und Rührung.)

Doch dein Busen will entflammen,
Dich besänftigt dieser Schall?
Nimm, o nimm dich nur zusammen
Gegen diese Nachtigall!

   Liebe. (Tritt auf.)
  (Der Dämon ist zurückgetreten.)

Ja, ich walle gar im Weiten
Dieser Pfade leicht und froh:
Denn der Liebe sind die Zeiten
Immer gleich und immer so.

  Dämon der Unterdrückung.

O wie kommt sie da von weiten,
Ohne Furcht und immer froh!

    Liebe.

Denn der Liebe sind die Zeiten
Immer gleich und immer so.

  Dämon der Unterdrückung.
   (Zu ihr tretend.)

Wen suchst du denn? Du suchest wen?
Ich dächte doch, du mußt ihn kennen.

    Liebe.

Ich suche wohl, — es ist so schön!
Und weiter weiß ich nichts zu nennen.

Dämon der Unterdrückung.

(Anständig zudringlich, gehalten und scherzhaft.)

Nun! o nenne mir den Lieben,
Dem entgegen man so eilt.

Liebe.

Ja es ist, es ist das Lieben,
Das im Herzen still verweilt!

(Der Dämon entfernt sich.)

Vierzehnter Auftritt.

Glaube.

(Hat die Schwester am Gesange erkannt, kommt eilig herbei, wirft sich ihr an die Brust.)

Liebe.

(Fährt in ihrem heitern Gesange noch eine Zeitlang fort, bis Glaube sich leidenschaftlich losreißt, und abwärts tritt.)

Glaube.

O liebste Schwester! kannst du mich
Und meine Leiden so empfangen?
Ich irre trostlos, suche dich,
An deinem Herzen auszubangen;

Nun flieh' ich leider wie ich kam,
Mich abgestoßen muß ich fühlen:
Wer theilt nun Zweifel, Kummer, Gram,
Wie sie das tiefste Herz durchwühlen!

Liebe.
(Sich nähernd.)

O Schwester! mich so in Verdacht?
Die immer neu und immer gleich
Unsterbliche unsterblich macht,
Die Sterblichen alle gut und reich.
Von oben kommt mir der Gewinn,
Die höchste Gabe willst du lästern?
Denn ohne diesen heitren Sinn,
Was wären wir und unsre Schwestern?

Glaube.

Nein, in diesen Jammerstunden
Klinget keine Freude nach!
Schmerzen tausendfach empfunden,
Herz um Herz das knirschend brach,
Leer Gebet, vergebne Thränen,
Eingekettet unser Sehnen,
Unsrer Herrlichkeit Verhöhnen,

Der Erniedrigung Gewöhnen! —
Ewig deckt die Nacht den Tag.

Liebe.

Es sind nicht die letzten Stunden,
Laß den Göttern das Gericht!

Glaube.

Nie hast du ein Glück empfunden:
Denn der Jammer rührt dich nicht!

(Sie treten aus einander.)

Dämon der Unterdrückung.

(Für sich.)

Still! nun hab' ich überwunden —
Schwestern und verstehn sich nicht!

(Zum Glauben.)

Herrlich Mädchen! welches Bangen,
Welche Neigung, welch Verlangen
Reget diese schöne Brust?

Glaube.

Herr, o Herr, gerecht Verlangen
War, die Schwester zu umfangen,
Treue bin ich mir bewußt.

Dämon der Unterdrückung.

(Zur Liebe.)

Wie? du Holde, das Verlangen
Deiner Schwester zu umfangen
Weigert sich die süße Brust.

Liebe.

Sie, die beste, zu umfangen
Fühl' ich ewiges Verlangen,
Komm, o komm an meine Brust!

Glaube.

O verzeih dem Schmerz, dem Bangen!
Kaum getraut' ich zu verlangen
Lieb' um Liebe, Lust um Lust!

(Sie umarmen sich.)

Dämon der Unterdrückung.

(Für sich.)

Immer wächs't mir das Verlangen
Zu bethören, sie zu fangen
Sey mein Streben, meine Lust.

(Zwischen sie tretend.)

Holdseliges Paar, das himmlisch mir begegnet,
Es sey der Tag für euch und mich gesegnet,
Er sey bezeichnet immerdar!
Ja! dieser Stunde jedes von uns gedenke.
(Kleine Dämonen mit Juwelen.)
Verschmähet nicht die wenigen Geschenke,
Aus meiner Hand, verehrtes Paar.
(Die Liebe liebkosend und ihr Armbänder anlegend.)
Hände, meiner Augen Weide,
O wie drück' und küß' ich sie!
Nimm das köstlichste Geschmeide
Trag' es, und vergiß mich nie!
(Den Glauben liebkosend, und ihr einen köstlichen Gürtel, oder vielmehr Brustschmuck anlegend.)
Wie sie sich in dir vereinen
Hoher Sinn und Lebenslust:
So mit bunten Edelsteinen
Schmück' ich dir die volle Brust.
(Die kleinen Dämonen bringen heimlich schwarze schwere Ketten hervor.)
Glaube.
Das verdient wohl dieser Busen,
Daß ihn die Juwele schmückt.
(Der eine Dämon hängt ihr die Ketten hinten in den Gürtel, in dem Augenblick fühlt sie Schmerzen, sie ruft, indem sie auf die Brust sieht.)

Doch wie ist mir! von Medusen
Werd' ich gräulich angeblickt.

Liebe.

O wie sich das Auge weidet,
Und die Hand wie freut sie sich!

(Sie streckt die Arme aus, und besieht die Armbänder von oben. Das Dämonchen hängt von unten eine Doppelkette ein.)

Was ist das? wie sticht's und schneidet
Und unendlich foltert's mich!

Dämon der Unterdrückung.

(Zur Liebe, mäßig spottend.)

So ist dein zartes Herz belohnt!
Von diesen wird dich nichts erretten;
Doch finde dich, du bist's gewohnt,
Du gehst doch immerfort in Ketten.

(Zum Glauben, der sich ängstlich geberdet, mit geheuchelter Theilnahme.)

Ja schluchse nur aus voller Brust,
Und mache den Versuch zu weinen!

(Zu beiden gewaltsam.)

Verzichtet aber auf Glück und Lust;
Das Beßre wird euch nie erscheinen!

(Sie fahren von ihm weg, werfen sich an den Seiten nieder; Liebe liegt ringend; Glaube still.)

Dämon der Unterdrückung.

So hab' ich euch dahin gebracht,
Beim hellsten Tag, in tiefste Nacht!
Getrennt wie sie gefesselt sind,
Ist Liebe thörig, Glaube blind.
Allein die Hoffnung schweift noch immer frei,
Mein Zauber winde sie herbei!
Ich bin schon oft ihr listig nachgezogen,
Doch wandelbar wie Regenbogen
Setzt sie den Fuß bald da, bald dort, bald hier;
Und hab' ich diese nicht betrogen,
Was hilft das alles andre mir!

Funfzehnter Auftritt.

Hoffnung.

(Erscheint auf der Ruine linker Hand des Zuschauers, bewaffnet mit Helm, Schild und Speer.)

Dämon der Unterdrückung.

Sie kommt! sie ist's! — Ich will sie kirren,
's Ist auch ein Mädchenhaupt, ich will's verwirren.

Sie sieht mich, bleibt gelassen stehn,
Sie soll mir diesmal nicht entgehn.

(Sanft theilnehmend.)

Im Gedränge hier auf Erden
Kann nicht Jeder, was er will;
Was nicht ist, es kann noch werden,
Hüte dich, und bleibe still.

(Sie hebt den Speer gegen ihn auf, und steht in drohender Geberde unbeweglich.)

Dämon der Unterdrückung.

Doch welch ein Nebel, welche Dünste
Verbergen plötzlich die Gestalt!
Wo find' ich sie? ich weiß nicht wo sie wallt,
An ihr verschwend' ich meine Künste.
Verdichtet schwankt der Nebelrauch, und wächst,
Und webt, er webt undeutliche Gestalten,
Die deutlich, doch undeutlich, immerfort
Das Ungeheure mir entfalten.
Gespenster sind's, nicht Wolken, nicht Gespenster,
Die Wirklichen sie dringen auf mich ein.
Wie kann das aber wirklich seyn,

Das Webende, das immer sich entschleiert?
Verschleierte Gestalten, Ungestalten,
In ewigem Wechseltrug erneuert!
Wo bin ich? Bin ich mir bewußt? —
Sie sind's! sie sind auch nicht, und aus dem Grauen
Muß ich voran lebendig Kräftige schauen;
Fürwahr es drängt sich Brust an Brust
Voll Lebensmacht und Kampfeslust;
Die Häupter in den Wolken sind gekrönt,
Die Füße schlangenartig ausgedehnt,
Verschlungen schlingend
Mit sich selber ringend,
Doch alle klappernd nur auf mich gespitzt.
Die breite Wolke senkt sich, eine Wolke
Lebendig tausendfach, vom ganzen Volke
Von allen Edlen schwer; sie sinkt, sie drückt
Sie beugt mich nieder, sie erstickt!

(Er wehrt sich gegen die von der Einbildungskraft ihm vorgespiegelte Vision, weicht ihr aus, wähnt in die Enge getrieben zu seyn, ist ganz nahe zu knien. Die Hoffnung nimmt ihre ruhige Stellung wieder an. Er ermannt sich.)

Du biegst das Knie vor dem sich tausend brachen;
Der All=Beherrscher sey ein Mann!

Denn wer den Haß der Welt nicht tragen kann,
Der muß sie nicht in Fesseln schlagen.

 Aufgeregte Höllenbilder,
Zeigt euch wild und immer wilder!
Euer Wanken, euer Weben
Sind Gedanken; sollt' ich beben?
Euer Lasten, euer Streben,
Ihr verhaßten, ist kein Leben;
Eure Häupter, eure Kronen
Sind nur Schatten, trübe Luft.
Doch ich wittre Grabesduft,
Unten schein' ich mir zu wohnen
Und schon modert mir die Gruft.

 (Er entflieht mit Grauen.)

Hoffnung.

 (Ist nicht mehr zu sehen.)

Sechszehnter Auftritt.

Liebe.

(Erhebt sich nach einiger Zeit, wie abwesend, wo nicht wahnsinnig.)

Sag, wie ist dir denn zumalen?
Was beengt dir so das Herz?

Was ich fühle, sind nicht Qualen,
Was ich leide, es ist nicht Schmerz.
Ob ich gleich den Namen höre,
Liebe, so hieß ich immerfort;
Es ist als ob ich gar nicht wäre,
Liebe, 's ist ein leeres Wort.

   Glaube.
(Die indessen aufgestanden, aber nicht sicher auf ihren Füßen steht.)
Wankt der Felsen unter mir,
Der mich sonst so kräftig trug?
Nein! ich wanke, sinke hier,
Habe nicht mehr Kraft genug
Mich zu halten, meine Knie
Brechen; ach, ich beuge sie
Nicht zum Beten, sinnenlos,
Herzlos lieg' ich an dem Boden,
Mir versagt, mir stockt der Oden,
Götter! meine Noth ist groß!

   Liebe. (Weiter schreitend.)
Zwar gefesselt sind die Hände,
Doch der Fuß bewegt sich noch;
Wenn ich, ach, dorthin mich wende,
Schüttl' ich ab das schwere Joch.

Glaube.

(Wie jene, nur etwas rascher und lebhafter.)

Will ich mich vom Ort bewegen,
Wird vielleicht der Busen frei.

(Sieht die Liebe heran kommen.)

O die Schwester! Welch ein Segen!
Ja, die Gute kommt herbei.

(Indem sie einander die Arme reichen, sehen sie sich so weit entfernt, daß sie sich nicht berühren können.)

Liebe.

Gott! ich kann dich nicht erreichen,
Ach, von dir steh' ich gebannt!

(Indem sie an ihren vorigen Platz eilig zurückkehrt.)

Glaube.

Giebt's ein Elend solches gleichen?

(Die noch gezögert, und sich hin und wieder umgesehen hat, stürmt auch nach ihrer Seite.)

Nein, die Welt hat's nicht gekannt!

(Beide werfen sich an ihrer Stelle nieder.)

Siebenzehnter Auftritt.

Hoffnung.
(Welche indessen oben erschienen und herunter getreten ist.)

Ich höre jammern, höre klagen,
In Banden meine Schwestern? wie,
O wie sie ringen, wie sie zagen!
Vernehmt mein Wort, es fehlet nie.
Ihr zeigt mir freilich eure Ketten
Getrauet nicht mich anzuschaun,
Doch bin ich, hoff' euch zu erretten,
Erhebt euch, kommt mir zu vertraun!

Genien.
(Herbei eilend.)

Immer sind wir noch im Lande,
Hier und dort mit raschem Lauf,
(Nehmen die Ketten ab, zugleich mit dem Schmuck.)
Erstlich lösen wir die Bande,
Richte du sie wieder auf!

Denn uns Genien gegeben
Ward gewiß ein schönes Theil;
Euer eigenes Bestreben
Wirke nun das eigne Heil.

(Sie entfernen sich.)

Hoffnung.

(Zu den wegeilenden Genien.)

Nehmt Gotteslohn, ihr süßen Brüder!

(Sie hebt erst den Glauben auf, und bringt ihn gegen die Mitte.)

Und steht nur erst der Glaube fest,
So hebt sich auch die Liebe wieder.

Liebe.

(Die von selbst aufspringt, und auf die Hoffnung loseilt.)

Ja, ich bin's, und neugeboren
Werf' ich mich an deine Brust.

Glaube.

Völlig hatt' ich mich verloren,
Wieder find' ich mich mit Lust.

Hoffnung.

Ja, wer sich mit mir verschworen
Ist sich alles Glücks bewußt.

Denn wie ich bin, so bin ich auch beständig,
Nie der Vrrzweiflung geb' ich mich dahin;
Ich mildre Schmerz, das höchste Glück vollend' ich;
Weiblich gestaltet bin ich männlich kühn.
Das Leben selbst ist nur durch mich lebendig,
Ja über's Grab kann ich's hinüber ziehn,
Und wenn sie mich sogar als Asche sammlen,
So müssen sie noch meinen Namen stammlen.

Und nun vernehmt! — Wie einst in Grabeshöhlen
Ein frommes Volk geheim sich flüchtete,
Und allen Drang der himmlisch reinen Seelen
Nach oben voll Vertrauen richtete,
Nicht unterließ auf höchsten Schutz zu zählen
Und auszudauern sich verpflichtete:
So hat die Tugend still ein Reich gegründet
Und sich zu Schutz und Trutz geheim verbündet.

Im tiefsten, hohl, das Erdreich untergraben,
Auf welchem jene schrecklichen Gewalten
Nun offenbar ihr wildes Wesen haben,
In majestätisch häßlichen Gestalten,

Und mit den holden überreifen Gaben
Der Oberfläche nach Belieben schalten;
Doch wird der Boden gleich zusammenstürzen,
Und jenes Reich des Uebermuths verkürzen.

Von Osten rollt, Lauinen gleich, herüber
Der Schnee- und Eisball, wälzt sich groß und größer,
Er schmilzt, und nah und näher stürzt vorüber
Das alles überschwemmende Gewässer:
So strömt's nach Westen, dann zum Süd hinüber,
Die Welt sieht sich zerstört und — fühlt sich besser:
Vom Ocean, vom Belt her, kommt uns Rettung,
So wirkt das All in glücklicher Verkettung.

Achtzehnter Auftritt.

Genien.

(Den drei Schwestern Kronen darreichend.)

Und so bestärkt euch, Königinnen!
Ihr seyd es, obschon jetzt gebeugt;

Ihr müßt noch alles Glück gewinnen:
Vom Himmel seyd ihr uns gezeugt;
Zum Himmel werdet ihr euch heben —
Die Sterblichen sie sehn's entzückt —
Und glorreich über Welten schweben,
Die ihr auf ewig nun beglückt.

Doch, was dem Abgrund kühn entstiegen
Kann durch ein ehernes Geschick
Den halben Weltkreis übersiegen,
Zum Abgrund muß es doch zurück.
Schon droht ein ungeheures Bangen,
Vergebens wird er widerstehn!
Und alle die noch an ihm hangen,
Sie müssen mit zu Grunde gehn.

Hoffnung.

Nun begegn' ich meinen Braven,
Die sich in der Nacht versammlet,
Um zu schweigen, nicht zu schlafen,
Und das schöne Wort der Freiheit
Wird gelispelt und gestammlet,
Bis in ungewohnter Neuheit!

Wir an unsrer Tempel Stufen
Wieder neu entzückt es rufen:

(Mit Ueberzeugung, laut.)

Freiheit.

(Gemäßigter.)

Freiheit.

(Von allen Seiten und Enden Echo.)

Freiheit!

Liebe.

Kommt, zu sehn was unsre frommen
Guten Schwestern unternommen,
Die mit Seufzen sich bereiten
Auf die blutig wilden Zeiten.

Glaube.

Denn der Liebe Hülf' und Laben
Wird den schönsten Seegen haben,
Und im Glauben überwinden
Sie die Furcht, die sie empfinden.

Genius I.

Ihr werdet eure Kraft beweisen,
Bereitet still den jüngsten Tag.

Genius II.
Denn jenes Haupt von Stahl und Eisen
Zermalmt zuletzt ein Donnerschlag.

Neunzehnter Auftritt.

(Die sämmtlichen Fünfe, kehren sich unter musikalischer Begleitung um, und gehn nach dem Grunde. Die Hoffnung besteigt die Ruinen links des Zuschauers, Glaube und Liebe die Ruinen rechts; die Knaben besteigen die Stufen, und stellen sich an die Pforten. Sie begrüßen sich alle unter einander nochmals zum Abschied. Es wird Nacht.)

Unsichtbares Chor.

Sterne versanken und Monden in Blut,
Aber nun wittert und lichtet es gut:
Sonne sie nahet dem himmlischen Thron,
Lieber, sie kommen und wecken dich schon.

(Die Genien eröffnen die Pforten, indem sie sich dahinter verstecken und lauschen. Epimenides ruht noch, wie er eingeschlafen, die Lampe brennt. Er erwacht, regt sich, steht auf, tritt unter die Thüre, giebt seine Verwunderung zu erkennen, tritt wankend die Stufen herunter, ungewiß, wo er sich befinde.)

Zwanzigster Auftritt.

Epimenides.

Und welch Erwachen! wunderbar genug!
Die Pforten öffnen sich bei düstrer Nacht.
Täuscht mich der Genien sonst so treuer Dienst?
Kein Stern am Himmel?
(Es erscheint ein Comet, ungeheuer, und an Gestalt dem letzten ähnlich.)
     Welch ein furchtbar Zeichen
Erschreckt den Blick mit Ruthenfeuerschein!
Wo bin ich denn? — In eine Wüstenei,
Von Fels und Baum beschränkt, bin ich begraben.

 Wie war es sonst! Als mir die Flügelthüren,
Beim ersten Morgenlicht von Geisterhand
Sich öffneten, das liebe Himmels=Paar
Mich in die holde Welt herunter führte;
Mich Tempel und Palast, und nah und fern
Die herrlichste Natur mich glänzend grüßte.
Wie düster jetzt! Und was der Feuerschein
Mir ahndungsvoll entdeckt, ist grausenhaft.

Wer leitet mich? wer rettet vom Verderben?
Verdient wohl euer Freund, ihr Götter, so zu sterben?
   (Die Genien treten oben an der Pforte hervor mit Fackeln.)
Doch ihr erhört des treuen Priesters Ruf!
Ich sehe neuen goldnen Schein umschimmern:
Die Lieben sind's! o, wo sie leuchtend gehn,
Liegt keine Wüste, haust kein Schreckniß mehr.
   (Sie sind herunter gekommen und stehen neben ihm.)
O sagt mir an, ihr Holden, welchen Traum
Von Aengstlichkeiten schafft ihr um mich her?
   (Sie legen den Finger auf den Mund.)
Ich träume, ja! wo nicht, so hat ein Gott
In tiefe Wüsteneien mich verschlagen. —
Hier — keine Spur von jenem alten Glanz,
Nicht Spur von Kunst, von Ordnung keine Spur!
Es ist der Schöpfung wildes Chaos hier,
Das letzte Grauen endlicher Zerstörung.
   Genien.   (Deuten hinüber und herüber.)
      Epimenides.
Was deutet ihr? Ich soll mich hier erkennen!
   (Die Genien leuchten voran nach der einen Seite.)
Euch folgen? wohl! ihr leuchtet dieserseits.
Was seh' ich hier! ein wohlbekanntes Bild!

In Marmorglanze, Glanz vergangner Tage.
„Der Vater ruht auf seinem breiten Polster,
Die Frau im Sessel; Kinder stehn umher
Von jedem Alter; Knechte tragen zu,
Das Pferd sogar es wiehert an der Pforte;
Die Tafel ist besetzt, man schwelgt und ruht."
Fürwahr! es ist die Stätte noch, wo mir
Des Freudentages hellste Sonne schien;
Ist alles doch in Schutt und Graus versunken,

(Sie deuten, und leiten ihn nach der andern Seite.)

Noch weiter? Nein, ihr Guten, nein, ach nein!
Ich glaub' es euch, es ist die alte Stätte.
Doch während meines Schlafes hat ein Gott
Die Erd' erschüttert, daß Ruinen hier
Sich auf einander thürmen, durch ein Wunder
Der Bäume, der Gesträuche Trieb beschleunigt. —
So ist es hin, was alles ich gebaut
Und was mit mir von Jugend auf emporstieg.
O wär' es herzustellen! Nein, ach nein!

Ihr nöthigt mich an diese Tafel hin!
Zerschlagen ist sie, nicht mehr leserlich.

Hinweg von mir! O mein Gedächtniß! O!
Du hältst das Lied noch fest, du wiederholst es.

„Hast du ein gegründet Haus
Fleh' die Götter alle,
Daß es, bis man dich trägt hinaus,
Nicht zu Schutt zerfalle,
Und noch lange hinterdrein
Kindeskindern diene,
Und umher ein frischer Hain
Immer neu ergrüne."

Dämonen seyd ihr, keine Genien!
Der Hölle, die Verzweiflung haucht, entstiegen.
Sie haucht mich an, durchdringt, erstarrt die Brust,
Umstrickt das Haupt, zerrüttet alle Sinnen.

(Er beugt seine Kniee, richtet sich aber gleich wieder auf.)

Nein kniee nicht! sie hören dich nicht mehr;
Die Genien schweigen, wünsche dir den Tod,
Denn wo der Mensch verzweifelt, lebt kein Gott,
Und ohne Gott will ich nicht länger leben.

(Er wendet sich ab, verzweifelnd.)

Genien.

(Sich einander zuwinkend.)

Komm! wir wollen dir versprechen
Rettung aus dem tiefsten Schmerz:
Pfeiler, Säulen kann man brechen,
Aber nicht ein freies Herz:
Denn es lebt ein ewig Leben,
Es ist selbst der ganze Mann,
In ihm wirken Lust und Streben,
Die man nicht zermalmen kann.

Epimenides.

(Wehmüthig.)

O sprecht! o helft! mein Knie es trägt mich kaum:
Ihr wollt euch bittern Spott erlauben?

Genien.

Komm mit! den Ohren ist's ein Traum;
Den Augen selbst wirst du nicht glauben.

(Es wird auf einmal Tag. Von ferne kriegerische Musik. Epimenides und die Knaben stehen vor der Pforte.)

Ein und zwanzigster Auftritt.

(Die kriegerische Musik kommt näher. Die Hoffnung, den Jugendfürsten an der Seite, führt über die Ruinen, da wo sie abgegangen ist, ein Heer herein, welches die verschiedenen neuern zu diesem Kriege verbündeten Völker bezeichnet.)

Chor.

Brüder, auf! die Welt zu befreien,
Cometen winken, die Stund' ist groß.
Alle Gewebe der Tiranneien
Haut entzwei, und reißt euch los!
Hinan! — Vorwärts — hinan
Und das Werk es werde gethan!

So erschallet nun Gottes Stimme,
Denn des Volkes Stimme sie erschallt,
Und entflammt von heil'gem Grimme
Folgt des Blitzes Allgewalt.
Hinan! — Vorwärts — hinan
Und das große Werk wird gethan.

Und so schreiten wir, die Kühnen,
Eine halbe Welt entlang,
Die Verwüstung, die Ruinen
Nichts verhindre deinen Gang.
Hinan! — Vorwärts — hinan
Und das große, das Werk sey gethan.

Jugendfürst.

Hinter uns her vernehmt ihr schallen
Starke Worte, treuen Ruf,
Siegen, heißt es, oder Fallen
Ist was alle Völker schuf
Hinan! — Vorwärts — hinan
Und das Werk es wäre gethan.

Hoffnung.

Noch ist vieles zu erfüllen,
Noch ist manches nicht vorbei;
Doch wir alle, durch den Willen
Sind wir schon von Banden frei.

Chor.

Hinan! — Vorwärts — hinan
Und das große, das Werk sey gethan.

Jugendfürst.

Auch die Alten und die Greisen
Werden nicht im Rathe ruhn;
Denn es ist um den Stein der Weisen
Es ist um das All zu thun.
Hinan! — Vorwärts — hinan
Und das Werk, es war schon gethan.

Chor.

Denn so Einer vorwärts rufet
Gleich sind alle hinterdrein,
Und so geht es abgestufet
Stark und schwach und groß und klein.
Hinan! — Vorwärts — hinan
Und das große, das Werk ist gethan.
Und wo eh wir sie nun erfassen,
In den Sturz, in die Flucht sie hinein!
Ja in ungeheuern Massen
Stürzen wir schon hinterdrein.
Hinan! Vorwärts — hinan
Und das alles, das Werk ist gethan.

Zwei und zwanzigster Auftritt.

(Glaube und Liebe mit den Frauen und Landbewohnern an der andern Seite.)

Chor.

Und wir kommen
Mit Verlangen,
Wir, die frommen,
Zu empfangen
Sie, die Braven,
Sie mit Kränzen
Zu umschlingen.

Und mit Hymnen
Zu umsingen,
Zu erheben
Jene Braven,
Die da schlafen,
Die gegeben
Höhrem Leben.

Landbewohner.

(Aller Alter und Stände.)

Und die wir zurückgeblieben,
Eurer Kraft uns anvertraut,
Haben unsren kühnen Lieben
Haus und Hof und Feld gebaut:
Und wie ihr im Siege schreitet,
Drückt uns traulich an die Bust;
Alles, was wir euch bereitet,
Lang' genießt es, und mit Lust!

Sämmtliche Chöre.

Und nun vor allen
Kein andres Sinnen
Kein andres Dichten
Als aufzurichten
Das was gefallen,
Und zu gewinnen
Das was verloren:
So ist uns allen
Als neugeboren.

(Indessen sind die Ruinen wieder aufgerichtet. Ein Theil der Vegetation bleibt und ziert.)

Drei und zwanzigster Auftritt.

Epimenides mit zwei Priestern.

Epimenides.
(Nach oben.)

Wie selig euer Freund gewesen,
Der diese Nacht des Jammers überschlief,
Ich konnt's an den Ruinen lesen,
Ihr Götter, ich empfind' es tief!

(Zu den Umstehenden.)

Doch schäm' ich mich der Ruhestunden,
Mit euch zu leiden war Gewinn:
Denn für den Schmerz den ihr empfunden,
Seyd ihr auch größer als ich bin.

Priester.

Tadle nicht der Götter Willen
Wenn du manches Jahr gewannst:
Sie bewahrten dich im Stillen,
Daß du rein empfinden kannst;
Und so gleichst du künftgen Tagen,
Denen unsre Qual und Plagen

Unser Streben, unser Wagen,
Endlich die Geschichte beut,
Und nicht glauben, was wir sagen,
Wirst du, wie die Folgezeit.

Glaube.

Zum Ungeheuren war ich aufgerufen,
Mir dienten selbst Zerstörung Blut und Tod;
So flammte jüngst an meines Thrones Stufen
Der Freiheit plötzlich furchtbar Morgenroth;
Mir danket ihr, nach dieser Tage Grauen,
Das schöne Licht, das wir vergnüglich schauen.

 Heil dem Edlen, der den Glauben
 Heilig in der Brust genährt.
 Und dem Morden und dem Rauben
 Kühn beharrlich abgewehrt.
 Schneidend eisige Lüfte blasen,
 Ströme schwellen, Schlund vor Schlund,
 Und der Elemente Rasen,
 Alle kräftigten den Bund.

Liebe.

Ich suche den mit liebevollen Blicken,
Der liebevoll bei seinem Volk verweilt,

Der treuen Seinen neubelebt Entzücken
Mit offnem holden Vaterherzen theilt.
Der Edle hat mit Edlen sich verbündet,
Da jauchzte kühn die treue Schaar,
Und wo die Liebe wirkt und gründet,
Da wird die Kraft der Tugend offenbar,
Das Glück ist sicher und geründet.

Hoffnung.

Ich will gestehn den Eigennutz, o Schwestern!
Für jedes Opfer fordr' ich meinen Lohn,
Ein selig Heute für ein schrecklich Gestern,
Triumphes-Wonne statt der Duldung Hohn:
So hab' ich's Ihm versprochen, Ihm gegeben,
Von dessen Glück beseelt wir alle leben.

Unser König soll uns leben,
Heil! daß wir den Tag gesehn,
Da wir wieder um Ihn stehn
Seinem Willen hingegeben.
Leben soll der König, leben!

Chor.

Leben soll der König, leben!

Vier und zwanzigster Auftritt.

Beharrlichkeit.

Wetteifernd komm' ich an, doch ohne Neid,
Und weiß wohl, die Beharrlichkeit
Ist allen meinen Schwestern eigen:
Was sich nicht selber gleicht, wird keine Tugend seyn;
So komm' ich froh und frisch herein
Als Tugend mich der Tugenden zu zeigen.
    O! beharret im Bestande
    Den der Wille rein gefaßt!

Chor.

O! beharret!

Beständigkeit.

    Auch der Edle trägt die Bande
    Ungeheurer Schmach und Last.

Chor.

Ja wir trugen schwere Bande!

Beständigkeit.

Nähret, ewig, auch mit Schmerzen,
Den geheim erzeugten Rath.

Chor.
Nähret! Nähret!
Beständigkeit.
Ach! im eingeklemmten Herzen
Aengstet sich die große That.
Chor.
O! beharret! Nähret! Nähret!
Den geheim erzeugten Rath.
Jugendfürst.
Unter sternenreichen Höhen
Vor dem Gott der Väter stehen,
Das besänftigt auf einmal,
Da verschwindet Pein und Qual.
Epimenides.
Laßt von sternereichen Höhen
Unsrem König Glück erflehen,
Und auf Jahre sonder Zahl
Seinen Folgern allzumal.
Chor.
Ja von sternereichen Höhen
Fühlen wir's hernieder wehen:
Walte, Glück, im Freudenthal
Ohne Namen, ohne Zahl!

Epimenides.

Die Tugenden, die hier ein kräftig Wirken
Und in unendlichen Bezirken
Sich herrlich tausendfach gezeigt,
Den höchsten Zweck mit Blitzesflug erreicht,
Sie helfen uns die größten Tage feiern.
Nur eine, die mit treuer Hand
Die Schwestern fest und zart verband,
Abseits, verhüllt, bescheiden stand,
Die Einigkeit muß ich entschleiern.

(Er führt eine bisher verborgen gebliebene Verschleierte hervor, und
schlägt ihr den Schleier zurück.)

Fünf und zwanzigster Auftritt.

Die Einigkeit.

Der Geist, der alle Welten schafft,
Durch mich belehrt er seine Theuren:
"Von der Gefahr, der ungeheuren,
Errettet nur gesammte Kraft."
Das was ich lehre, scheint so leicht,

Und fast unmöglich zu erfüllen:
„Nachgiebigkeit bei großem Willen."
Nun ist des Wortes Ziel erreicht,
Den höchsten Wunsch seh' ich erfüllen.

Ja alle Kronen seh' ich neu geschmückt,
Mit eignem Gold, mit Feindes Beute;
Ihr habt das Volk, ihr habt euch selbst beglückt,
Was ihr besitzt, besitzt ihr erst von heute.
Zwar hat der Ahnen würdiges Verdienst
Die goldnen Reife längst geflochten,
Doch nun ist's eigener Gewinnst:
Ihr habt das Recht daran erfochten.

Epimenides.

Und wir sind alle neu geboren
Das große Sehnen ist gestillt,
Bei Friedrichs Asche war's geschworen,
Und ist auf ewig nun erfüllt.

Chor der Krieger.

Und wir wandeln mit freien Schritten
Weil wir uns was zugetraut,
Und empfangen in unsre Mitten
Gattinn, Schwester, Tochter, Braut.

Gethan! — Glück auf! — gethan!
Und den Dank nun zum Himmel hinan!

Chor der Frauen.

Euch zu laben
Laßt uns eilen,
Unsre Gaben
Auszutheilen,
Eure Wunden
Auszuheilen:
Selige Stunden
Sind gegeben
Unsrem Leben!

Durch Vereinigung der Krieger und Einheimischen geschieht der Uebergang zum Ballet, welches die Freude des Wiedersehens, und Wiederfindens in mannichfaltigen Familien - Scenen ausdrückt. Große Gruppe zum Schluß.)

Chor.

So rissen wir uns ringsherum
Von fremden Banden los,
Nun sind wir Deutsche wiederum
Nun sind wir wieder groß.

So waren wir und sind es auch,
Das edelste Geschlecht,
Von biederm Sinn und reinem Hauch
Und in der Thaten Recht.

Und Fürst und Volk und Volk und Fürst
Sind alle frisch und neu!
Wie du dich nun empfinden wirst
Nach eighem Sinne frei.
Wer dann das Innere begehrt
Der ist schon groß und reich
Zusammen haltet euren Werth,
Und euch ist niemand gleich.

Nun töne laut: der Herr ist da,
Von Sternen glänzt die Nacht,
Er hat, damit uns Heil geschah,
Gestritten und gewacht.
Für alle die ihm angestammt,
Für uns war es gethan,
Und wie's von Berg zu Bergen flammt
Entzücken flamm' hinan!

Printed by Libri Plureos GmbH
in Hamburg, Germany